토익 기본기 완성

Week 11

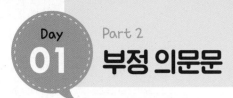

부정 의문문

'~이지 않나요?', '~하지 않았어요?'와 같이 부정문의 형태로 물어보는 의문문을 부정 의문문이라고 합니다. 부정 의문문은 not이 있는 부정문이지만, not이 없는 긍정 의문문과 같다고 생각하면 됩니다. 즉, 문제를 풀 때 부정 의문문에서 not을 뺀 의미로 해석하는 것이 헷갈리지 않는 방법입니다.

당신 사무실이
3층에(office on the third floor)
있지 않나요?

■ Be동사 / Do 조동사 / Have 조동사 + not

not이 있다고 해서 굳이 부정문으로 해석하지 말고, 그냥 긍정 의문문으로 해석한 뒤 질문 내용에 대해 Yes/No로 답하는 것으로 생각하면 됩니다. 이때 답변에서 Yes/No는 생략될 수 있어요.

사무실이 3층에
Q Isn't your **office on the third floor**?
= Is your office on the third floor?

당신 사무실이 3층에 있지 않나요?
= 당신 사무실이 3층에 있죠?

A No, it's on the fourth floor.

아뇨, 4층에 있어요.

마쉬 씨   파티
Q Wasn't **Ms. Marsh** at the **party** yesterday?
= Was Ms. Marsh at the party yesterday?

마쉬 씨가 어제 파티에 있지 않았나요?
= 마쉬 씨가 어제 파티에 있었죠?

A Yes, but she had to leave early.

네, 하지만 일찍 가셔야 했어요.

·········· Yes, but ~ 선택지는 정답일 확률이 매우 높아요.

콘서트에 가다

Q Didn't you **go to the concert** last night?   어젯밤에 콘서트에 가지 않았어요?
= Did you go to the concert last night?   = 어젯밤에 콘서트에 갔었죠?

A I had to work late.   전 야근해야 했어요.

보고서 작성을 끝냈다

Q Haven't you **finished writing the report**?   보고서 작성을 끝내지 않았나요?
= Have you finished writing the report?   = 보고서 작성을 끝냈죠?

A Yes, an hour ago.   네, 한 시간 전에요.

Quiz 음원을 듣고 각 선택지가 질문에 알맞은 응답이면 O, 아니면 X에 표시하고 빈칸을 채워보세요.

1 Haven't you _____ a good restaurant?

(A) There's one on Main Street.   [O X]
(B) No, I'm still looking for one.   [O X]
(C) Several new menu items.   [O X]

2 Doesn't the _____ need to be _____?

(A) You're right. Thanks for reminding me.   [O X]
(B) Look in the cabinet.   [O X]
(C) I prefer tea to coffee.   [O X]

정답 및 해설 p. 23

Practice | 정답 및 해설 p. 23

오늘 배운 내용을 바탕으로 연습문제를 풀어 보세요.

1 Mark your answer.　　(A)　(B)　(C)

2 Mark your answer.　　(A)　(B)　(C)

3 Mark your answer.　　(A)　(B)　(C)

4 Mark your answer.　　(A)　(B)　(C)

5 Mark your answer.　　(A)　(B)　(C)

6 Mark your answer.　　(A)　(B)　(C)

7 Mark your answer.　　(A)　(B)　(C)

8 Mark your answer.　　(A)　(B)　(C)

9 Mark your answer.　　(A)　(B)　(C)

10 Mark your answer.　　(A)　(B)　(C)

memo

Today's VOCA

01 skilled ★★
스낄(드) [skild]
형 숙련된, 뛰어난

highly **skilled** workers
매우 숙련된 직원들
파 **skill** 명 기술

02 resource ★
뤼써-스 [ríːsɔːrs]
명 자원, 재원

a sufficient supply of natural **resources**
천연 자원의 충분한 공급

03 hire ★
하이어ㄹ [haiər]
동 고용하다, 채용하다

hire extra editors to meet the deadline
마감일을 맞추기 위해 추가로 편집자를 고용하다

04 field ★
쀠-일(드) [fiːld]
명 분야

an expert in the **field** of business consulting
비즈니스 컨설팅 분야의 전문가

05 qualify ★
콸러빠이 [kwáləfai]
동 자격이 되다, 자격을 주다, 자격이 있다

qualify for a discounted ticket
할인 티켓을 받을 자격이 되다
파 **qualified** 형 적격인, 유능한

06 expertise ★
엑스퍼ㄹ티-(즈) [ekspərtíːz]
명 전문 지식

require a great deal of marketing **expertise**
엄청난 마케팅 전문 지식을 요구하다
파 **expert** 명 전문가 형 전문적인

07 description ★
디스크륍션 [diskrípʃən]
명 설명, 묘사

a detailed **description** of the position
그 직책에 대한 상세한 설명

08 persistence ★
퍼ㄹ씨스턴(스) [pərsístəns]
명 인내, 끈기, 지속

require **persistence** in the face of difficulties 난관에 직면하여 인내를 요구하다
파 **persistently** 부 끈질기게, 지속적으로

부사 ❶

📖 부사의 역할과 위치

부사는 정도 또는 방법을 나타내거나 상태를 강조합니다. 동사, 형용사, 부사, 전치사구, 또는 문장 전체를 수식할 수 있으며, 주로 토익에서는 동사를 수식하는 유형으로 출제됩니다.

■ 동사 수식

부사는 동사의 앞뒤 혹은 목적어 뒤에서 동사를 수식합니다.

> People can **easily** understand the procedure.
> 사람들은 그 절차를 쉽게 이해할 수 있다.

■ 형용사 수식

부사는 형용사의 앞 또는 뒤에 위치하여 형용사를 수식합니다.

> Mr. Miller's paintings have become **increasingly** popular.
> 밀러 씨의 그림이 점점 더 인기를 끌었다.

3초 퀴즈

We are ------- located near the station.

(A) convenient
(B) conveniently

■ 다른 부사 수식

부사는 다른 부사를 수식하여 그 의미나 정도를 강조합니다. 부사를 수식할 수 있는 부사는 very(매우), so(아주), fairly(꽤), quite(꽤) 등이 있습니다.

> Ms. Clark is studying **very** hard to pass the bar exam.
> 클라크 씨는 변호사 시험에 합격하기 위해 매우 열심히 공부하고 있다.

■ 전치사구 수식

부사는 또한 전치사구도 수식할 수 있는데, 이때 사용되는 특수한 부사들로는 only(오직), just(단지), right(바로) 등이 있습니다.

> The course is designed **only** for university students.
> 그 강좌는 오직 대학생만을 위해 기획되었다.

 **5초 단축비법**

부사 자리 단서 찾기

☑ 형용사 앞

형용사 앞에 빈칸이 있다면, 빈칸은 빈칸 뒤의 형용사를 수식할 부사 자리입니다.

> The restaurants located in the city center are **generally** expensive.
> 도시 중심 지역에 위치한 식당들은 일반적으로 비싸다.

☑ 자동사 뒤

자동사 뒤에 빈칸이 있다면, 빈칸에는 부사가 들어가 자동사를 수식해야 합니다.

> Cleo Cosmetics **has grown rapidly** over the last few years.
> 클레오 화장품 사는 지난 몇 년에 걸쳐 빠르게 성장해왔다.

☑ 주어와 동사 사이

주어와 동사 사이는 동사를 수식할 부사 자리입니다.

> Ms. Hamilton **successfully renewed** the business contract last month.
> 해밀턴 씨는 지난달에 성공적으로 사업 계약을 갱신했다.

▲ 강의 바로보기

오늘 배운 내용을 바탕으로 연습문제를 풀어 보세요.

1 Passengers ------- complained about the delayed departure.

(A) form
(B) forms
(C) formal
(D) formally

memo

2 Mr. Hamilton visits the sales offices ------- to understand market trends.

(A) regularly
(B) regular
(C) regularize
(D) regulation

3 The subway trains are traveling at ------- reduced speeds due to a technical fault.

(A) slightest
(B) slighted
(C) slight
(D) slightly

4 You will work ------- with Mr. Perry if you are selected for this job.

(A) close
(B) closed
(C) closing
(D) closely

5 The Samuelson Group is ------- marketing its products overseas.

(A) aggression
(B) aggressive
(C) aggressively
(D) aggressor

Today's VOCA

▲ MP3 바로듣기

01 match ★

매취 [mætʃ]

통 일치하다, 어울리다 명 짝, 맞수, 시합

does not **match** the actual charge
실제 청구 금액과 일치하지 않다

02 key ★

키- [ki:]

형 중요한, 핵심의 명 비결

a **key** factor in -ing
~하는 데 있어서 중요한 요인

03 service ★★★★

써ㄹ뷔스 [sə́:rvis]

명 근무, 서비스, 봉사 통 (판매 후) 수리하다

after 5 years of **service** as CEO
최고경영자로 5년 근무한 후에

04 favorably ★★★★

쀄이붜뤄블리 [féivərəbli]

부 호의적으로, 유리하게

be viewed **favorably**
호의적으로 평을 받다

🔁 **favor** 명 호의 통 호의를 베풀다

05 promotion ★★★★

프뤼모우션 [prəmóuʃən]

명 승진, 홍보, 촉진, 고취

receive a **promotion**
승진하다

06 recommend ★★★

뤠커멘드 [rekəménd]

통 (사람을) 추천하다, (~하도록) 권고하다

recommend Mr. Higgins as a candidate for the position
히긴스 씨를 그 직책의 후보자로 추천하다

07 eligible ★★★

엘리줘블 [élidʒəbl]

형 자격이 있는

be **eligible** for promotion
승진의 자격이 있다

🔁 **eligibility** 명 적임

08 position ★

퍼지션 [pəzíʃən]

명 자리, 위치, 상황, 입장 통 배치하다

hold a **position** for three years
3년간 자리를 유지하다

제안/요청 의문문

제안/요청 의문문은 '~하는 것이 어때요?'라는 의미로 상대방에게 제안을 하거나, '~해 주시겠습니까?' 와 같이 요청하는 의문문을 말합니다. 이 유형의 의문문에서는 동사구의 의미를 정확히 파악해야 합니다. Yes(수락) 또는 No(거절)로 대답하는 것이 기본이지만, 실제 시험에서는 Yes/No 대신 Sure, Of course, Okay, That's a good idea, I'm sorry 등으로 답하는 경우가 많다는 것을 알아 두세요.

• Why don't you[we] ~?	~하는 게 어때요?
• Would you like to ~?	~하시겠어요?
• Would you like me to ~?	제가 ~할까요?
• Can I ~?	~해도 될까요? / ~할 수 있을까요?
• Could you ~?	~해 주시겠어요?
• Should we ~?	~해야 할까요?

5시에 버스 터미널에서 만나는 게 어때요(Why don't we meet)?

■ 수락 답변

Q Why don't we meet at the bus terminal at 5?   우리 5시에 버스 터미널에서 만나는 게 어때요?

A That's a good idea.   좋은 생각입니다.

■ 거절 답변

Q Would you like to have more salad?   샐러드를 좀 더 드시겠어요?

A No, thank you. I'm full.   아뇨, 괜찮습니다. 배불러요.

■ 우회적 거절 답변

Q Can I **start** the presentation now? 　　　발표를 지금 시작해도 될까요?

A Mr. Gust hasn't come yet. 　　　거스트 씨가 아직 안 오셨어요.

■ 의외의 응답

Q Could you **help** me set up the meeting room? 　　　회의실 준비 작업을 도와 주시겠어요?

A Right now? 　　　지금 당장요?

DAY 03　Part 2 제안/요청 의문문

Quiz 음원을 듣고 각 선택지가 질문에 알맞은 응답이면 O, 아니면 X에 표시하고 빈칸을 채워보세요.

1　Why don't you _____ for dinner?

(A) A table for two. 　　　[O　X]

(B) I have to finish this report. 　　　[O　X]

(C) Sorry, I have other plans. 　　　[O　X]

2　Could you _____ clean up the conference room?

(A) Sure, when can we start? 　　　[O　X]

(B) Sorry, I was about to leave. 　　　[O　X]

(C) Yes, last week. 　　　[O　X]

정답 및 해설 p. 26

Practice 정답 및 해설 p. 26

오늘 배운 내용을 바탕으로 연습문제를 풀어 보세요.

1 Mark your answer.   (A) (B) (C)

2 Mark your answer.   (A) (B) (C)

3 Mark your answer.   (A) (B) (C)

4 Mark your answer.   (A) (B) (C)

5 Mark your answer.   (A) (B) (C)

6 Mark your answer.   (A) (B) (C)

7 Mark your answer.   (A) (B) (C)

8 Mark your answer.   (A) (B) (C)

9 Mark your answer.   (A) (B) (C)

10 Mark your answer.   (A) (B) (C)

memo

Today's VOCA

▲ MP3 바로듣기

01 effort ★★
에뿨ㄹ(트) [éfərt]
몡 노력, 수고, 시도

in an **effort** to boost sales
매출을 증가시키려는 노력으로써

02 approve ★★
어프루웁 [əprúːv]
통 승인하다

approve one's promotion
~의 승진을 승인하다
펜 **approval** 몡 승인

03 opportunity ★★
아퍼ㄹ튜너티 [ɑpərtjúːnəti]
몡 기회

find more about the job **opportunity**
취업 기회에 대해 더 알아보다

04 excellent ★★
엑썰런(트) [éksələnt]
혱 훌륭한

congratulate the sales staff on their
excellent performance
훌륭한 성과에 대해 영업사원들을 축하하다

05 intention ★★
인텐션 [inténʃən]
몡 의사, 의도, 목적

inform the manager of one's **intention** to
quit 부서장에게 퇴사 의사를 알리다
펜 **intentionally** 뷴 계획적으로, 고의로

06 advancement ★★
앳봰스먼(트) [ædvǽnsmənt]
몡 승진, 발전

well-deserved **advancement**
충분히 받을 만한 승진
펜 **advanced** 혱 상급의, 진보한, 첨단의

07 prepare ★★
프뤼페어ㄹ [pripéər]
통 준비하다, 대비하다

prepare food
음식을 준비하다
펜 **preparation** 몡 준비, 대비

08 recognize ★★
뤠컥나이(즈) [rékəgnaiz]
통 인정하다, 표창하다, 알아보다, 인식하다

be **recognized** for one's contributions
공로에 대해 인정 받다

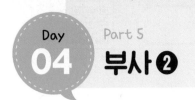

📖 부사의 형태

대부분의 부사는 형용사에 -ly가 붙은 형태입니다. 그 외의 특이한 형태의 부사나 형용사와 형태가 동일한 부사는 따로 외워 두는 것이 좋습니다.

■ 형용사 + -ly

temporarily 임시로	quickly 빠르게	shortly 곧	successfully 성공적으로

We have **temporarily** installed Internet chatting software on the computers.
우리는 임시로 컴퓨터에 인터넷 채팅 소프트웨어를 설치했다.

■ 특이한 형태의 부사

well 잘	soon 곧	very 매우	just 단지	only 오직

Mr. Heppner has been performing his job extremely **well**.
헤프너 씨는 자신의 직무를 대단히 잘 수행해오고 있다.

■ 형용사와 부사가 동일한 형태

아래 제시된 단어들은 형용사와 부사의 형태가 동일한 단어들입니다. 이 경우에는 문장 구조 분석을 통해 해당 단어가 형용사로 쓰였는지, 부사로 쓰였는지 판단해야 합니다.

hard 열심인 / 열심히	**late** 늦은 / 늦게	**early** 이른 / 일찍
enough 충분한 / 충분히	**fast** 빠른 / 빠르게	**deep** 깊은 / 깊게

Since seating is limited, you are advised to **sign up early**.
자리가 제한적이기 때문에, 일찍 등록하시는 것이 권고됩니다.

⋯⋯ 동사 sign up을 수식하기 위해 부사가 쓰였어요.

📖 특수 부사

동사나 형용사, 전치사구를 수식하는 부사 외에 숫자와 함께 쓰이는 부사들도 있습니다. 또한, 기존 품사가 부사인 단어에 부사 어미 -ly를 붙이면 뜻이 달라지는 부사들도 있습니다. 이 경우, 기존 부사와 뜻을 구분해서 알아 두어야 하고 해석을 통해 정답을 골라야 합니다.

■ 숫자와 어울리는 부사

아래 부사들은 숫자 표현과 함께 쓰이는 부사들입니다. 빈칸이 부사 자리이고, 빈칸 뒤에 숫자 표현이 제시되어 있다면 숫자를 수식하는 부사를 골라야 합니다.

approximately 대략	nearly 거의	almost 거의	about 약

The concert will last for approximately three hours.
그 콘서트는 대략 세 시간 동안 지속될 것이다.

3초 퀴즈

The elevator broke down ------- two hours ago.

(A) nearly
(B) enough

■ 헷갈리기 쉬운 부사

아래 부사들은 기존 부사에 -ly가 붙어 의미가 달라지는 부사들입니다. 둘 다 품사는 부사지만 의미상 혼동하기 쉬우므로 두 단어의 뜻을 모두 알고 있어야 합니다.

high 높게 - highly 매우	close 가깝게 - closely 면밀히	late 늦게 - lately 최근에
near 근처에 - nearly 거의	hard 열심히 - hardly 거의 ~않다	

Alea Helmick's paintings are highly regarded by many artists.
일레아 헬미크의 그림들은 많은 예술가들에게서 매우 인정받고 있다.

Mr. Banks will watch the new employees closely during the training period.
뱅크스 씨는 교육기간 동안 신입 직원들을 면밀히 지켜볼 것이다.

▲ 강의 바로보기

오늘 배운 내용을 바탕으로 연습문제를 풀어 보세요.

1 The product should be transported in a ------- designed container.

(A) special
(B) specially
(C) specialize
(D) specializing

memo

2 A recently opened restaurant in Manila is serving ------- 2,000 customers a day.

(A) nearly
(B) enough
(C) quite
(D) very

3 Mr. Truman's article is ------- regarded by experts in the industry.

(A) high
(B) highly
(C) higher
(D) highest

4 TM Motor's newest car has ------- high name recognition.

(A) far
(B) over
(C) very
(D) any

5 From ------- 400 entries, the top two choices will be used for our next ad campaign.

(A) approximate
(B) approximating
(C) approximation
(D) approximately

Today's VOCA

01 **consistently** ★★
컨씨스턴(틀)리 [kənsístəntli]
閈 한결같이, 끊임없이

be promoted for one's **consistently** excellent performance
한결같이 훌륭한 성과의 보상으로 승진되다

02 **accomplishment** ★★
어캄플리쉬먼(트) [əkámpliʃmənt]
閈 성과, 성취

noteworthy **accomplishments**
주목할 만한 성과
● **accomplish** 图 성취하다, 달성하다

03 **outstanding** ★
아웃스탠딩 [autstǽndiŋ]
閈 탁월한, 돋보이는, 미지불 상태의

receive awards for one's **outstanding** work
탁월한 업무 처리로 상을 받다

04 **reception** ★
뤼쎕션 [risépʃən]
閈 환영식, 접수처, 수신 (상태)

hold a formal **reception**
정식 환영식을 열다

05 **retirement** ★
뤼타이어ㄹ먼(트) [ritáiərmənt]
閈 은퇴, 퇴직

announce one's **retirement** after ten years of service 10년 근무를 마치고 은퇴를 발표하다
● **retire** 图 퇴직하다, 은퇴하다

06 **appoint** ★
어퍼인(트) [əpɔ́int]
图 임명하다, 지정하다

appoint a new financial manager
신임 재무부장을 임명하다
● **appointed** 閈 임명된, 예정된, 약속된

07 **encourage** ★
인커뤼쥐 [inkə́:ridʒ]
图 권고하다, 권장하다

encourage employees to submit suggestions
직원들에게 제안사항을 제출하도록 권고하다
● **encouragement** 閈 격려, 권고

08 **achievement** ★
어취입먼(트) [ətʃíːvmənt]
閈 업적, 달성, 성취

in recognition of one's remarkable **achievements** 놀라운 업적을 인정하여
● **achieve** 图 이룩하다, 성취하다

DAY 04

Part 5 부사 ❷

VOCA

● 단어와 그에 알맞은 뜻을 연결해 보세요.

1 skilled •   • (A) 승인하다

2 approve •   • (B) 승진, 홍보, 촉진, 고취

3 promotion •   • (C) 숙련된, 뛰어난

● 다음 빈칸에 알맞은 단어를 선택하세요.

4 require a great deal of marketing -------
엄청난 마케팅 전문 지식을 요구하다

5 in recognition of one's remarkable -------
놀라운 업적을 인정하여

(A) achievements
(B) expertise
(C) intention

6 inform the manager of one's ------- to quit
부서장에게 퇴사 의사를 알리다

● 실전 문제에 도전해 보세요.

7 Workers working for more than five years are ------- to apply for managerial positions.

(A) eligible   (B) appointed
(C) favorable   (D) recognized

8 Many ------- on Matthew's résumé suggest that he would be an asset to our company.

(A) opportunities   (B) efforts
(C) accomplishments   (D) positions

한 주 동안 학습한 내용을 적용하여 기출변형 문제들을 풀어 보세요.

▲ MP3 바로듣기

▲ 강의 바로보기

1 Mark your answer.　　(A)　(B)　(C)

2 Mark your answer.　　(A)　(B)　(C)

3 Mark your answer.　　(A)　(B)　(C)

4 Mark your answer.　　(A)　(B)　(C)

5 Mark your answer.　　(A)　(B)　(C)

6 Mark your answer.　　(A)　(B)　(C)

7 Mark your answer.　　(A)　(B)　(C)

8 Mark your answer.　　(A)　(B)　(C)

9 Mark your answer.　　(A)　(B)　(C)

10 Mark your answer.　　(A)　(B)　(C)

DAY 05

Weekly Test

한 주 동안 학습한 내용을 적용하여 기출변형 문제들을 풀어 보세요.

▲ 강의 바로보기

1 ------- fluctuating exchange rates can scare even experienced investors in the Asian markets.

(A) Wide
(B) Widest
(C) Width
(D) Widely

2 Sales of Fun Furniture have increased ------- since the introduction of newer products.

(A) considerably
(B) considerable
(C) considering
(D) considered

3 Denise Kent should be congratulated for handling the delicate situation ------- commendably.

(A) any
(B) over
(C) very
(D) as

4 After the shop is closed, you must count the notes and coins from the cash register very -------.

(A) accuracies
(B) accurate
(C) accurately
(D) accuracy

5 There are ------- 125 investment firms in Sydney, including one of the world's largest financial firms, J.D. Investment Inc.

(A) approximate
(B) approximation
(C) approximately
(D) approximating

6   Despite unfavorable weather, last week's 'Peace, Love & Music Together' event was ------- attended.

(A) well
(B) quite
(C) most
(D) every

7   The new car detergent ------- removes dirt from the surface of the car, so scrubbing is not required.

(A) chemists
(B) chemically
(C) chemicals
(D) chemist

8   Technology companies are able to find ------- skilled workers far easier these days.

(A) high
(B) higher
(C) highly
(D) highest

9   The company head rejected the proposed site for the new office because it was too ------- located.

(A) inconvenience
(B) inconvenienced
(C) inconvenient
(D) inconveniently

10 The perfume will be available ------- on the Web site, but will be introduced to major retail stores in a few weeks.

(A) without
(B) only
(C) since
(D) as soon as

Week **11**

정답 및 해설

Day 01 부정 의문문

Quiz

1. Haven't you <u>found</u> a good restaurant?
(A) There's one on Main Street. [O]
(B) No, I'm still looking for one. [O]
(C) Several new menu items. [X]

좋은 레스토랑을 찾지 않으셨어요?
(A) 메인 스트리트에 하나 있어요.
(B) 아뇨, 여전히 한 곳을 찾는 중입니다.
(C) 여러 가지 새 메뉴 품목들이요.

해설 (A) good restaurant를 대신하는 대명사 one과 함께 그 위치를 언급하는 답변이므로 정답.
(B) 부정을 뜻하는 No 및 good restaurant를 대신하는 대명사 one과 함께 여전히 찾고 있다는 말로 아직 찾지 못했음을 알리는 답변이므로 정답.
(C) 메뉴 품목의 종류를 말하는 답변으로 How many 등의 의문사에 어울리는 답변이므로 오답.

어휘 **find** ~을 찾다, 발견하다 cf. 동사변화는 find-found-found **still** 여전히, 아직도 **look for** ~을 찾다 **several** 여럿의, 몇몇의 **item** 품목, 제품

2. Doesn't the <u>copy machine</u> need to be <u>fixed</u>?
(A) You're right. Thanks for reminding me. [O]
(B) Look in the cabinet. [X]
(C) I prefer tea to coffee. [X]

복사기를 고칠 필요가 있지 않나요?
(A) 당신 말이 맞아요. 생각나게 해줘서 고마워요.
(B) 캐비닛 안을 보세요.
(C) 저는 차보다 커피를 더 좋아해요.

해설 (A) 긍정을 뜻하는 You're right와 함께 복사기 고치는 일을 기억나게 해줘서 고맙다고 언급하므로 정답.
(B) 사물의 위치/장소를 나타내는 답변으로, 의문사 Where과 어울리므로 오답.
(C) copy와 coffee의 발음상 유사성을 이용한 오답으로, 복사기와 관련 없는 차와 커피를 언급하는 답변이므로 오답.

어휘 **need to do** ~할 필요가 있다 **fix** ~을 고치다, 수리하다 **remind** ~에게 상기시키다, 생각나게 하다 **prefer A to B**: B보다 A를 좋아하다

Practice

1. (B)	**2.** (A)	**3.** (B)	**4.** (C)	**5.** (B)
6. (A)	**7.** (A)	**8.** (C)	**9.** (B)	**10.** (A)

1. Aren't you going to the reception?
(A) It's on Main Street.
(B) Yes, but I'll be a little late.
(C) I prefer to take a taxi.

축하 연회에 안 가시나요?
(A) 그곳은 메인가에 있습니다.
(B) 갑니다, 하지만 조금 늦을 거예요.
(C) 저는 택시 타는 것을 선호합니다.

정답 (B)
해설 긍정을 나타내는 Yes와 함께 축하 연회 참석 시점과 관련된 내용을 언급한 답변이므로 정답.
어휘 **reception** 축하 연회, 환영 연회 **a little** 조금, 약간 **prefer to do** ~하는 것을 선호하다, 더 좋아하다 **take** (교통편) ~을 타다, 이용하다

2. Don't you think this room is small?
(A) Yes, it's not big enough.
(B) No, we didn't reserve a room.
(C) Why don't you look for a small one?

이 방이 작다고 생각하지 않으세요?
(A) 네, 충분히 크지 않네요.
(B) 아뇨, 저희는 방을 예약하지 않았어요.
(C) 작은 것을 찾아보시는 게 어떠세요?

정답 (A)
해설 긍정을 뜻하는 Yes와 함께 충분히 크지 않다는 말로 질문에 동의하는 내용이므로 정답.
어휘 **Don't you think (that) ~?** ~하다고 생각하지 않으세요? 형용사 + enough: 충분히 ~한 **reserve** ~을 예약하다 **Why don't you ~?** ~하는 게 어떠세요? **look for** ~을 찾다

3. Hasn't the technician found the problem?
(A) Actually, I'm still doing it.
(B) No, not yet.
(C) At the technology company.

기술자가 문제점을 발견하지 않았나요?
(A) 실은, 제가 여전히 그것을 하는 중입니다.
(B) 아뇨, 아직이요.
(C) 그 기술 회사에서요.

정답 (B)

해설 부정을 의미하는 No와 함께 질문에서 언급한 일이 완료되지 않았음을 의미하는 답변이므로 정답.

어휘 technician 기술자, 기사 find ~을 찾다, 발견하다
cf. 동사변화는 find-found-found actually 실은, 사실은
not yet (앞서 언급된 일과 관련해) 아직 아니다

4. Didn't you say you wanted to buy tablecloths?
(A) He wanted to go there yesterday.
(B) Did she set the table?
(C) Yes, I need some.

식탁보를 사고 싶다고 말하지 않으셨어요?
(A) 그는 어제 그곳에 가고 싶어 했어요.
(B) 그녀가 식탁을 차렸나요?
(C) 네, 몇 개 필요해요.

정답 (C)

해설 긍정을 나타내는 Yes와 함께 식탁보 몇 개가 필요하다는 의미를 나타내어 질문에 대한 답변이 될 수 있으므로 정답.

어휘 want to do ~하고 싶어 하다, ~하기를 원하다 tablecloth 식탁보 set the table 식탁을 차리다, 상을 차리다 need ~을 필요로 하다

5. Don't you need a password to connect to the Wi-Fi?
(A) We passed by the bank.
(B) Yes, but I can't remember it.
(C) Here's my new phone number.

와이파이에 연결하기 위해서 비밀번호가 필요하지 않으세요?
(A) 우리는 은행을 지나갔어요.
(B) 네, 하지만 기억이 나지 않아요.
(C) 저의 새 휴대폰 번호입니다.

정답 (B)

해설 긍정을 나타내는 Yes와 함께 기억이 나지 않는다는 내용으로 질문에 대한 답변이 될 수 있으므로 정답.

어휘 need 필요로 하다 connect to ~와 연결하다 pass by ~옆을 지나가다, 지나치다 remember 기억하다

6. Haven't you already got tickets for the movie?
(A) Not yet, I'll get them today.
(B) No, I like action movies.
(C) I got some new T-shirts.

영화 표를 이미 사지 않으셨어요?
(A) 아직 아니에요, 오늘 살 거예요.
(B) 아니요, 저는 액션 영화를 좋아해요.
(C) 티셔츠 몇 장을 새로 샀어요.

정답 (A)

해설 부정을 나타내는 Not yet과 함께 티켓을 오늘 살 것이라는 의미를 나타내어 질문에 답변이 될 수 있으므로 정답.

어휘 already 이미 get ~을 얻다, 마련하다 yet 아직

7. Doesn't Melanie usually leave work at 6?
(A) Yes, but she's working late tonight.
(B) You can leave it here, thanks.
(C) About two hours.

멜라니 씨는 보통 6시에 퇴근하시지 않나요?
(A) 네, 하지만 그녀는 오늘밤 늦게까지 일해요.
(B) 여기에 두시면 돼요, 감사합니다.
(C) 약 2시간이요.

정답 (A)

해설 긍정을 나타내는 Yes와 함께 오늘은 늦게까지 일한다는 말로 질문에 대한 답변이 될 수 있으므로 정답.

어휘 usually 보통, 대개 leave work 퇴근하다 work late 늦게까지 일하다 tonight 오늘밤에 leave ~을 놓아 두다 about 대략, 약

8. Shouldn't we request feedback from the manager?
(A) Time management.
(B) They're in the back.
(C) That's a good idea.

우리가 부장님께 피드백을 요청드려야 하지 않을까요?
(A) 시간 관리요.
(B) 그들은 뒤에 있어요.
(C) 좋은 생각이네요.

정답 (C)

해설 좋은 생각이라는 말로 질문에 대한 동의를 나타내는 답변이므로 정답.

어휘 request ~을 요청하다 feedback 피드백, 의견 manager 관리자, 책임자, 부장 management 관리

9. Didn't Jason fix that printer last week?
(A) A broken air conditioner.
(B) He did, but it broke again.
(C) Can I make a copy?

제이슨 씨가 지난 주에 프린터를 고치지 않았나요?
(A) 고장 난 에어컨이요.
(B) 그가 했어요, 하지만 다시 고장 났어요.
(C) 제가 복사할 수 있을까요?

정답 (B)

해설 그가 프린터를 수리했다는 것과 그럼에도 다시 고장났다는 말
로 질문에 답변할 수 있으므로 정답.

어휘 fix ~을 고치다, 수리하다 broken 고장 난
air conditioner 에어컨 break 고장 나다 cf. 동사변화는
break-broke-broken make a copy 복사하다

10. Didn't we already pay for this month's rent?
(A) That was for last month.
(B) They paid attention.
(C) She rented a car.

우리가 이번 달 집세를 이미 지불하지 않았나요?
(A) 그건 지난 달에 대한 것이었어요.
(B) 그들은 집중했어요.
(C) 그녀는 자동차를 대여했어요.

정답 (A)

해설 집세를 납부한 것을 That으로 지칭하여 지난 달 집세였다고
말하며 질문에 답변하므로 정답.

어휘 already 이미 pay for ~을 지불하다 rent n. 집세, 임차료
v. ~을 대여하다, 임차하다 pay attention 집중하다, 주의를
기울이다

Day 02 부사 ❶

3초 퀴즈

정답 (B)

해설 저희는 역 근처에 편리한 곳에 위치해 있습니다.

해설 빈칸 뒤에 형용사가 있으므로 빈칸은 형용사를 수식할 부사
자리이다. 따라서 (B) conveniently가 정답이다.

어휘 conveniently located 편리한 곳에 위치한 near ~
근처에 station 역 convenient 편리한

Practice

1. (D)	2. (A)	3. (D)	4. (D)	5. (C)

1.

정답 (D)

해석 승객들이 지연된 출발에 대해 정식으로 불만을 제기했다.

해설 빈칸이 주어와 동사 사이에 있으므로 빈칸은 동사를 수식하는
부사 자리이다. 따라서 (D) formally가 정답이다.

어휘 passenger 승객 complain 불만을 제기하다 delayed

지연된 departure 출발 form n. 서식 v. ~을 형성하다
formal 공식적인 formally 공식적으로

2.

정답 (A)

해석 해밀턴 씨는 시장 동향을 이해하기 위해 주기적으로 영업 사
무소들을 방문한다.

해설 빈칸이 3형식 타동사와 목적어 뒤에 위치해 있으므로 빈칸은
동사를 뒤에서 수식할 부사 자리이다. 따라서 (A) regularly
가 정답이다.

어휘 visit 방문하다 sales 영업 understand ~을 이해하다
trend 동향 regularly 주기적으로 regular 주기적인
regularize ~을 규칙화하다 regulation 규제

3.

정답 (D)

해석 지하철 열차가 기술적 결함으로 인해 약간 줄어든 속도로 이
동하고 있다.

해설 빈칸 뒤에 형용사가 있으므로 빈칸은 형용사를 수식할 부사
자리이다. 따라서 (D) slightly가 정답이다.

어휘 subway train 지하철 열차 travel 이동하다 reduced
줄어든 speed 속도 due to ~로 인해 technical 기술적인
fault 결함 slight a. 약간의 v. ~을 무시하다 slightly 약간

4.

정답 (D)

해석 귀하께서 이 일에 선정된다면, 페리 씨와 긴밀하게 일하게 될
것입니다.

해설 자동사와 전치사 사이에 위치한 빈칸은 자동사를 수식할 부사
자리이므로 부사인 (D) closely가 정답이다.

어휘 work closely with ~와 긴밀하게 일하다 be selected
선정되다 job 일 close v. 닫다 a. 가까운

5.

정답 (C)

해석 사무엘슨 그룹은 자사의 제품을 해외에서 공격적으로 판매하
고 있다.

해설 be동사 is와 현재분사 marketing 사이에 위치한 빈칸은 형
용사 역할을 하는 분사를 수식할 부사 자리이므로 부사인 (C)
aggressively가 정답이다.

어휘 market ~을 판매하다 product 제품 overseas 해외에서
aggression 공격 aggressive 공격적인 aggressively
공격적으로 aggressor 공격하는 사람

Day 03 제안/요청 의문문

Quiz

1. Why don't you <u>join us</u> for dinner?
(A) A table for two. [X]
(B) I have to finish this report. [O]
(C) Sorry, I have other plans. [O]

저희와 함께 저녁 식사하시는 건 어떠세요?
(A) 2인 테이블이요.
(B) 저는 이 보고서를 끝마쳐야 합니다.
(C) 죄송하지만, 다른 계획이 있습니다.

해설 (A) 식사 인원을 말하는 답변으로 How many 의문문에 어울리는 반응이므로 오답.
(B) 보고서를 끝마쳐야 한다는 말로 함께 식사할 수 없다는 거절의 의미를 나타낸 답변이므로 정답.
(C) 다른 계획이 있다는 말로 함께 식사할 수 없다는 거절의 의미를 나타낸 답변이므로 정답.

어휘 **Why don't you ~?** ~하는 게 어때요? **join** ~와 함께 하다, ~에 합류하다 **have to do** ~해야 하다 **finish** ~을 끝마치다 **report** 보고(서) **plan** 계획

2. Could you <u>help me</u> clean up the conference room?
(A) Sure, when can we start? [O]
(B) Sorry, I was about to leave. [O]
(C) Yes, last week. [X]

대회의실을 깨끗이 치울 수 있도록 저 좀 도와 주시겠어요?
(A) 그럼요, 언제 시작할 수 있나요?
(B) 죄송하지만, 제가 막 나가려던 참이었어요.
(C) 네, 지난주에요.

해설 (A) 수락을 의미하는 Sure와 함께 치우는 일을 언제 시작할 수 있는지 되묻는 질문을 덧붙인 답변이므로 정답.
(B) 거절을 의미하는 Sorry와 함께 막 나가려던 참이었다는 말로 거절의 이유를 밝히는 답변이므로 정답.
(C) 수락을 의미하는 Yes로 답변하고 있지만, 앞으로 할 일과 관련해 요청하는 질문의 의도와 달리 과거시점을 언급하고 있어 시점 관계가 맞지 않는 오답.

어휘 **Could you ~?** ~해 주시겠어요? **help A do:** A가 ~하도록 돕다, ~하는 데 도움을 주다 **clean up** ~을 깨끗이 치우다 **conference room** 대회의실 **be about to do** 막 ~하려는 참이다 **leave** 나가다, 떠나다, 출발하다

Practice

1. (B)	2. (A)	3. (B)	4. (C)	5. (B)
6. (C)	7. (C)	8. (C)	9. (A)	10. (B)

1. Would you like a refund for your purchase?
(A) I'll try that on.
(B) Yes, I would.
(C) Let me take a look.

구입 제품에 대해 환불을 받고 싶으신가요?
(A) 저것을 한번 착용해 볼게요.
(B) 네, 그러고 싶어요.
(C) 제가 한번 볼게요.

정답 (B)

해설 제안에 대해 수락하는 답변이므로 정답. would 뒤에 like a refund ~가 생략되었다.

어휘 **Would you like ~?** ~ 드릴까요?, ~을 원하시나요? **refund** 환불 **purchase** 구매(품) **try A on:** A를 한번 착용해 보다 **Let me do** 제가 ~하겠습니다 **take a look** 한번 보다

2. Why don't we submit the proposal now?
(A) OK, I'll print it out.
(B) Make sure to finish by Thursday.
(C) Sorry, I can't lend it to you.

제안서를 지금 제출하는 것이 어떨까요?
(A) 좋아요, 제가 출력할게요.
(B) 목요일까지는 꼭 끝내주세요.
(C) 죄송해요, 그걸 당신에게 빌려 줄 수 없어요.

정답 (A)

해설 긍정을 나타내는 OK와 함께 보고서를 출력하겠다는 의미를 나타내어 보고서 제출을 제안하는 질문에 대한 답변이 될 수 있으므로 정답.

어휘 **Why don't we ~?** ~하는게 어떨까요? **submit** ~을 제출하다 **proposal** 제안서 **print A out:** A를 출력하다, 인쇄하다 **make sure to do** 꼭 ~해주세요 **lend** ~을 빌려주다

3. Can I bring you more water?
(A) Yes, it's a plastic cup.
(B) No, thank you.
(C) I can't come with you.

물을 더 갖다 드릴까요?
(A) 네, 플라스틱 컵이에요.
(B) 아니요, 괜찮습니다.

(C) 당신과 함께 갈 수 없어요.

정답 (B)

해설 부정을 나타내는 No와 함께 괜찮다는 말로 질문의 제안에 거절하는 표현이므로 정답.

어휘 bring A B: A에게 B를 가져다 주다 No, thank you 아니요, 괜찮습니다

4. Could you e-mail me the budget report by 6 P.M.?
(A) You can send it later.
(B) No, this is the correct address.
(C) Sure, it will be ready by then.

오후 6시까지 예산 보고서를 이메일로 보내주실 수 있나요?
(A) 나중에 보내주셔도 됩니다.
(B) 아니요, 이것이 정확한 주소입니다.
(C) 그럼요, 그때까지는 준비가 될 겁니다.

정답 (C)

해설 긍정을 나타내는 Sure과 함께 질문에서 언급된 6시를 then으로 언급하여 보고서가 준비될 것이라는 내용을 나타내므로 정답.

어휘 e-mail A B: A에게 B를 이메일로 보내 budget 예산 report 보고서 send ~을 발송하다 later 나중에 correct 정확한 ready 준비가 된 by then 그때까지는, 그때쯤

5. Why don't we meet at 3 to discuss the workshop?
(A) Yes, it was nice to meet her.
(B) I'll see if I'm available.
(C) About an hour.

회사 야유회에 관해 이야기하기 위해 3시에 만나는 건 어때요?
(A) 네, 그녀를 만나서 반가웠어요.
(B) 제가 시간이 되는지 알아볼게요.
(C) 약 1시간이요.

정답 (B)

해설 시간이 되는지 확인해보겠다는 말로 만남을 제안하는 질문에 답변할 수 있으므로 정답.

어휘 discuss ~을 논의하다 workshop 워크샵 see if ~인지 알아보다 available (사람이) 시간이 나는

6. Would you like to tour the rooftop area?
(A) He went there yesterday.
(B) I put it on the top shelf.
(C) Sorry, I don't have time.

옥상 공간을 둘러보시겠어요?
(A) 그는 어제 그곳에 갔어요.
(B) 제가 맨 위 선반에 두었어요.

(C) 죄송해요, 시간이 없어요.

정답 (C)

해설 거절을 의미하는 Sorry와 함께 시간이 없다는 말로 질문의 제안을 거절하는 답변이므로 정답.

어휘 Would you like to do ~?: ~하시겠어요? tour v. ~을 둘러보다 rooftop 옥상 area 공간 shelf 선반

7. Should I remind the intern about her presentation?
(A) A graphic design internship.
(B) They presented it very well.
(C) No, our manager already told her.

인턴에게 발표에 대해 상기시켜줘야 하나요?
(A) 그래픽 디자인 인턴십이요.
(B) 그들은 그것을 잘 표현했어요.
(C) 아니요, 부장님이 이미 그녀에게 알려주셨어요.

정답 (C)

해설 거절을 나타내는 No와 함께 부장님이 이미 인턴에게 알려주셨다는 내용으로 질문에 대한 답변이 될 수 있으므로 정답.

어휘 remind A about B: A에게 B를 상기시키다 intern 인턴 presentation 발표 internship 인턴십 present ~을 나타내다, 표현하다 already 이미

8. Could you pick Ms. Jenny up from the airport?
(A) Please turn on the air conditioner.
(B) Because of a flight delay.
(C) Sure. At what time?

제니 씨를 공항에서 모셔와 주실 수 있나요?
(A) 에어컨을 켜주세요.
(B) 항공기 지연 때문에요.
(C) 그럼요. 몇 시에요?

정답 (C)

해설 긍정을 나타내는 Sure과 함께 몇 시에 가면 되는지 되묻는 것으로 요청에 대한 답변으로 적절하므로 정답.

어휘 pick A up: A를 데리러 가다 turn on ~을 켜다 air conditioner 에어컨 flight delay 항공기 지연, 비행기 연착

9. Why don't we fly to New York instead of taking the train?
(A) Carolyn is organizing the trip.
(B) I had a good flight, thanks.
(C) When you went through training.

우리가 기차를 타기보다는 비행기로 뉴욕에 가는 것이 어떨까요?
(A) 캐롤린 씨가 여행을 준비해요.

(B) 좋은 비행이었어요, 감사합니다.
(C) 당신이 훈련을 받고 있을 때요.

정답 (A)

해설 여행을 준비하는 사람을 언급하여 자신이 담당자가 아님을 나타내어 제안에 답할 수 없음을 의미하므로 정답.

어휘 fly to ~까지 비행기로 가다 instead of ~대신에 take (교통수단 등을) 타다 organize ~을 준비하다, 조직하다 flight 비행 go through ~을 거치다, ~을 겪다

10. Could you help me scan these documents?
(A) Thanks. That'll really help.
(B) Sure, but let me print this first.
(C) The paper is in that cabinet.

이 서류들을 스캔하는 것을 도와줄 수 있으신가요?
(A) 감사합니다. 그건 정말 도움이 될 거예요.
(B) 그럼요, 하지만 이것 먼저 인쇄하겠습니다.
(C) 종이는 저 캐비닛 안에 있어요.

정답 (B)

해설 긍정을 나타내는 Sure과 함께 자신이 인쇄할 것을 먼저 한 뒤에 도와주겠다는 의미를 나타내어 제안에 대한 답변이 될 수 있으므로 정답.

어휘 scan ~을 스캔하다 document 문서, 서류 let A do: A가 ~하도록 하다 cabinet 캐비닛, 보관함, 수납장

Day 04 부사 ❷

3초 퀴즈

정답 (A)

해석 그 엘리베이터는 거의 2시간 전에 고장났다.

해설 빈칸 뒤에 숫자 표현이 있으므로 이 숫자 표현을 수식할 수 있는 부사 (A) nearly가 정답이다.

어휘 break down 고장나다 ago ~전에 nearly 거의 enough 충분히

Practice

1. (B)	2. (A)	3. (B)	4. (C)	5. (D)

1.

정답 (B)

해석 그 상품은 특별히 고안된 용기에 운송되어야 한다.

해설 빈칸 뒤에 형용사가 있으므로 빈칸에는 형용사를 수식할 부사

가 들어가야 한다. 따라서 -ly 부사 어미를 가진 (B) specially 가 정답이다.

어휘 product 상품 transport ~을 운송하다 designed 고안된 container 용기 special 특별한 specially 특별히 specialize 전공하다

2.

정답 (A)

해석 마닐라에 최근에 개장한 식당은 하루에 거의 2,000명의 고객들에게 서비스를 제공한다.

해설 빈칸 뒤에 숫자표현이 있으므로 이 숫자와 어울리는 부사를 골라야 한다. 따라서 (A) nearly가 정답이다.

어휘 recently 최근에 opened 개장한 serve 서비스를 제공하다 customer 고객 nearly 거의 enough 충분히 quite 꽤 very 매우

3.

정답 (B)

해설 트루만 씨의 기사는 업계의 전문가들에 의해 매우 존경받는다.

해설 빈칸 뒤에 형용사가 있으므로 빈칸에는 이 형용사를 수식할 부사가 와야 한다. (A) high와 (B) highly 중에서 정답을 골라야 하는데 regarded와 함께 어울려 '매우 존경받는'이라는 뜻을 나타낼 수 있는 (B) highly가 정답이다.

어휘 article 기사 regarded 존경받는 expert 전문가 industry 업계 high a. 높은 ad. 높게 highly 매우

4.

정답 (C)

해석 TM 모터스의 최신 자동차는 매우 높은 인지도를 가지고 있다.

해설 빈칸 뒤에 형용사가 있으므로 빈칸에는 형용사를 수식할 부사가 들어갈 자리이다. 따라서 선택지 (A) far와 (C) very 중에 정답을 골라야 하는데 형용사 high의 의미를 강조하는 '매우'라는 뜻의 (C) very가 정답이다.

어휘 newest 최신의 high 높은 name recognition 인지도 far 멀리 over ~넘어 very 매우 any 어느

5.

정답 (D)

해석 약 400개의 출품작에서, 가장 우수한 두 개의 선택이 우리의 다음 광고 캠페인을 위해 사용될 것이다.

해설 빈칸 뒤에 숫자표현이 있으므로 빈칸은 숫자를 수식할 수 있는 부사가 들어갈 자리이다. 따라서 (D) approximately가 정답이다.

어휘 entry 출품작 choice 선택 use ~을 사용하다 next 다음의 ad 광고 approximate 거의 정확한 approximation 근사치 approximately 약

Day 05 **Weekly Test**

VOCA

1. (C)	2. (A)	3. (B)	4. (B)	5. (A)
6. (C)	7. (A)	8. (C)		

7.
해석 5년 이상 근무한 근로자들은 관리직책에 지원할 자격이 있다.

해설 빈칸 앞에서는 특정 근속 연수가, 빈칸 뒤에는 관리 직책에 지원할 수 있다는 내용이 제시되어 있으므로 5년 이상이라는 근속 연수는 관리 직책에 지원할 수 있는 자격을 나타낸다. 따라서 '자격이 있는'이라는 뜻의 (A) eligible이 정답이다.

어휘 **worker** 근로자 **apply for** ~에 지원하다 **managerial** 관리의 **position** 직책, 위치 **eligible** 자격이 있는 **appointed** 임명된 **favorable** 호의적인 **recognized** 인정받은

8.
해석 메튜 씨의 이력서에 있는 많은 성과들은 그가 우리 회사에 자산이 될 것이라는 것을 암시한다.

해설 빈칸에는 이력서에 적힌 것으로서 회사에 도움이 될 것이라는 사실을 알려주는 어휘가 필요하다. 따라서 '성과'를 뜻하는 (C) accomplishments가 정답이다.

어휘 **résumé** 이력서 **asset** 자산 **opportunity** 기회 **effort** 노력 **accomplishment** 성과, 성취 **position** 직책, 위치

LC

1. (A)	2. (B)	3. (B)	4. (A)	5. (C)
6. (A)	7. (A)	8. (C)	9. (B)	10. (C)

1.
Would you like to join us for dinner?
(A) No, I have to finish my work now.
(B) Yes, I found a nice one.
(C) That table is reserved.

저희와 함께 저녁 식사하러 가시겠어요?
(A) 아뇨, 저는 지금 제 일을 끝내야 해요.
(B) 네, 좋은 것을 하나 발견했습니다.
(C) 그 테이블은 예약되어 있습니다.

정답 (A)

해설 (A) 제안에 대해 거절을 나타내는 No와 함께 갈 수 없는 이유를 언급하므로 정답.

(B) 수락을 의미하는 Yes로 시작되고 있지만 이어지는 내용은 질문과 관련 없는 내용이므로 오답.

(C) dinner과 관련 있게 들리는 table 및 reserved를 활용해 혼동을 유발하는 오답.

어휘 **Would you like to do?** ~하시겠어요? **join** ~와 함께 하다, ~에 합류하다 **have to do** ~해야 하다 **finish** ~을 끝마치다 **find** ~을 찾다, 발견하다 cf. 동사변화는 find-found-found **reserved** 예약된

2.
Could you give me a ride to the headquarters?
(A) No, there isn't any.
(B) Sure, when do you want to leave?
(C) About two hours.

저를 본사까지 차로 태워 주실 수 있으세요?
(A) 아니요, 하나도 없습니다.
(B) 그럼요, 언제 출발하고 싶으세요?
(C) 약 2시간이요.

정답 (B)

해설 (A) 거절을 의미하는 No 뒤에 이어지는 내용이 질문 내용과 관련 없는 오답.

(B) 긍정을 나타내는 Sure과 함께 출발 시점을 묻는 것으로 요청에 대한 답변이 될 수 있으므로 정답.

(C) 소요 시간을 말하는 답변으로 How long 의문문에 어울리는 반응이므로 오답.

어휘 **give A a ride:** A를 차로 태워 주다 **headquarters** 본사 **leave** 출발하다, 떠나다, 나가다 **about** 약, 대략

3.
Shouldn't the report be printed on both sides?
(A) Office supplies are in that cabinet.
(B) That's probably best.
(C) About 200 pages.

보고서가 양면으로 복사되어야 할까요?
(A) 사무용품은 저 캐비닛 안에 있어요.
(B) 그게 아마 가장 좋을 것 같아요.
(C) 약 200 페이지요.

정답 (B)

해설 (A) 사무용품의 위치를 말하는 표현으로 보고서의 양면 복사 여부에 대한 질문과 관련 없으므로 오답.

(B) 보고서를 양면으로 복사하는 것을 That으로 지칭하여 질문자의 의견에 동의를 나타내는 답변이므로 정답.

(C) report와 관련 있게 들리는 pages를 활용한 답변으로 질문과 관련 없는 내용이므로 오답.

어휘 **print on both sides** 양면으로 복사하다 **office supplies** 사무용품 **cabinet** 보관함 **probably** 아마 **about** 약

4. Why don't you buy this camera?
(A) **It's out of my price range.**
(B) It has many features.
(C) Because I had it repaired.

이 카메라를 구입하시는 게 어떠세요?
(A) **제가 생각한 가격대를 벗어나네요.**
(B) 많은 기능을 지니고 있어요.
(C) 왜냐하면 제가 그걸 수리 받았거든요.

정답 (A)
해설 (A) 생각한 가격대를 벗어난다는 말로 제안에 대한 우회적인
거절의 답변이므로 정답.
(B) 카메라 구입 여부가 아닌 특징을 말하는 답변이므로 질문
내용과 관련 없는 오답.
(C) 이유를 묻는 Why 의문으로 착각할 경우에 고를 수 있
는 Because를 이용한 오답

어휘 **out of** ~을 벗어난 **price range** 가격대 **feature** 기능,
특징 **have A p.p.:** A를 ~되게 하다 **repair** ~를 수리하다

5. Didn't you begin your career teaching high school
students?
(A) The session starts at 9 A.M.
(B) Twenty stories high.
(C) **Yes, it was a valuable experience.**

고등학생들을 가르치는 것으로 일을 시작하지 않으셨나요?
(A) 그 과정은 오전 9시에 시작됩니다.
(B) 20층 높이요.
(C) **네, 값진 경험이었어요.**

정답 (C)
해설 (A) begin과 관련 있게 들리는 starts를 활용한 답변으로 질
문과 관련 없는 내용이므로 오답.
(B) 질문에 포함된 high의 다른 의미를 활용한 답변으로 질문
과 관련 없는 내용이므로 오답.
(C) 긍정을 나타내는 Yes와 함께 값진 경험이었다고 자신의
의견을 나타내어 질문에 대한 답변이 될 수 있으므로 정
답.

어휘 **begin one's career** ~의 경력을 시작하다 **session** 과정,
수업, 시간 **start** 시작하다, 시작되다 **story** 층 **high** 높이가
~인 **valuable** 값진, 가치 있는 **experience** 경험

6. Wasn't Hailey going to join us for lunch?
(A) **Yes, I'll see if she's ready.**
(B) Yeah, it's a great restaurant.
(C) Here's the menu.

헤일리 씨가 우리와 점심 식사를 함께 하는 것 아니었나요?
(A) **맞아요, 그녀가 준비됐는지 확인해 볼게요.**

(B) 네, 아주 좋은 레스토랑이네요.
(C) 여기 메뉴판이 있습니다.

정답 (A)
해설 (A) 긍정을 나타내는 Yes와 그녀가 준비됐는지 확인해보겠다
는 말로 질문에 대한 답변으로 적절하므로 정답.
(B) 레스토랑에 대한 개인적인 의견을 말하는 답변으로 점심
식사 참석 여부와 관련 없는 내용이므로 오답.
(C) lunch와 관련 있게 들리는 menu를 활용한 답변으로 질
문과 관련 없는 내용이므로 오답.

어휘 **join** ~와 함께 하다 **see if** ~인지 확인하다 **ready** 준비가 된
menu 메뉴(판)

7. Can I help you carry those heavy boxes?
(A) **I'd appreciate it.**
(B) The store doesn't carry that model.
(C) I can't remember where it is.

제가 그 무거운 상자들을 나르는 걸 도와드릴까요?
(A) **그렇게 해주시면 감사하겠습니다.**
(B) 그 상점은 그 모델을 취급하지 않습니다.
(C) 어디에 있는지 기억나지 않아요.

정답 (A)
해설 (A) 그렇게 해주시면 감사하겠다는 말로 도움을 주겠다는 제
안을 수락하는 답변이므로 정답.
(B) 질문에 포함된 carry를 활용한 답변으로 도움을 제안하는
질문과 관련 없는 내용이므로 오답.
(C) 대명사 it이 가리키는 대상을 알 수 없으므로 오답.

어휘 **carry** (짐 등을) 나르다, (상품 등을) 취급하다 **heavy** 무거운
appreciate 감사하다 **remember** ~을 기억하다

8. Isn't there an important conference this
afternoon?
(A) Yes, that was a great conference.
(B) A lot of people attended.
(C) **Let me check the schedule.**

오늘 오후에 중요한 회의가 있지 않나요?
(A) 네, 굉장한 회의였어요.
(B) 많은 사람들이 참석했어요.
(C) **일정을 확인해 볼게요.**

정답 (C)
해설 (A) 질문에 포함된 conference를 언급하였지만 회의가 이미
끝난 과거시제로 말하고 있으므로 오답.
(B) conference와 관련 있게 들리는 attended를 언급하였
지만 질문과 관련 없는 내용이므로 오답.
(C) 일정을 확인해보겠다는 말로 중요한 회의 일정이 있는지
묻는 질문에 대한 답변이 될 수 있으므로 정답.

어휘 important 중요한 a lot of 많은 attend 참석하다 Let me do 제가 ~하겠습니다 schedule 일정

9. Would you like to take a short break?
(A) I usually take my bike.
(B) William asked for this report by this afternoon.
(C) She is in the break room.

잠깐 휴식을 취하시겠어요?
(A) 저는 보통 제 자전거를 탑니다.
(B) 윌리엄 씨가 오늘 오후까지 이 보고서를 요청했어요.
(C) 그녀는 휴게실에 있어요.

정답 (B)
해설 (A) 질문에 포함된 take를 활용한 답변으로 휴식을 취하는 것을 제안하는 질문과 관련 없는 오답.
(B) 보고서를 요청 받았다는 말로 제안을 거절하는 답변이므로 정답.
(C) 질문에 포함된 break를 언급했지만 질문과 관련 없는 내용이므로 오답.

어휘 take a break 휴식을 취하다, 쉬다 usually 보통 take (교통수단 등을) 타다 ask for ~을 요청하다 break room 휴게실

10. Don't you want to go to the play tonight?
(A) Three and a half hours.
(B) They played a good game.
(C) What time is the show?

오늘밤에 연극을 보러 가고 싶지 않으세요?
(A) 3시간 반이요.
(B) 그들은 좋은 경기를 했어요.
(C) 연극이 몇 시인가요?

정답 (C)
해설 (A) 지속 시간을 말하는 표현으로 연극을 보러 갈 의향을 묻는 질문과 관련 없는 오답.
(B) 질문에 포함된 play의 동사 의미를 활용한 답변으로 질문과 관련 없는 내용이므로 오답.
(C) 연극이 몇 시인지 되묻는 것으로 연극 보러 가는 것을 요청하는 질문에 대한 답변이 될 수 있으므로 정답.

어휘 play 연극(= show) play a game 시합하다, 경기를 하다

RC

1. (D)	2. (A)	3. (C)	4. (C)	5. (C)
6. (A)	7. (B)	8. (C)	9. (D)	10. (B)

1.
정답 (D)
해석 큰 폭으로 변동하는 환율은 아시아 시장에서 경험 많은 투자자들마저 두려움에 떨게 할 수 있다.
해설 빈칸 뒤에 형용사가 있으므로 빈칸은 형용사를 수식할 부사 자리이다. 따라서 (D) Widely가 정답이다.
어휘 fluctuating 변동하는 exchange rate 환율 scare 겁을 주다 even 심지어 experienced 경험 많은 investor 투자자 market 시장 wide 넓은 widest 가장 넓은 width 넓이 widely 널리

2.
정답 (A)
해석 펀 퍼니처 사의 매출이 신상품 소개 이후로 상당히 증가했다.
해설 빈칸 앞에 자동사가 있으므로 이 동사를 수식할 수 있는 부사 (A) considerably가 정답이다.
어휘 sales 매출 increase 증가하다 since ~이래로 introduction 소개 newer product 신상품 considerably 상당히 considerable 상당한 consider ~을 고려하다

3.
정답 (C)
해석 데니스 켄트 씨는 민감한 상황을 칭찬받을 만한 정도로 잘 처리했으므로 축하를 받아 마땅하다.
해설 빈칸 앞에는 동사와 목적어가 있고, 빈칸 뒤에는 부사가 있으므로 빈칸에는 부사를 수식할 수 있는 부사가 와야 한다. 따라서 (C) very가 정답이다.
어휘 congratulate A for B B에 대해 A를 축하해주다 handle ~을 다루다 delicate 민감한 situation 상황 commendably 칭찬받을 만하게

4.
정답 (C)
해석 매장이 문을 닫은 이후에는, 계산대의 지폐와 동전을 아주 정확하게 세어야 합니다.
해설 빈칸 앞에 주어와 동사, 목적어가 모두 있으므로 빈칸은 부사 자리이다. 따라서 -ly 부사 어미로 끝나는 (C) accurately가 정답이다.
어휘 shop 매장 closed 문을 닫은 count ~을 세다 note 지폐 coin 동전 cash registry 계산대 accuracy 정확성 accurate 정확한 accurately 정확하게

5.
정답 (C)
해석 시드니에는 세계에서 가장 큰 회사 중 하나인 J. D. 투자사를 포함해 대략 125개 정도의 투자회사들이 있다.
해설 빈칸 뒤에 숫자 표현이 있으므로 빈칸은 숫자와 어울리는 부

사가 들어갈 자리이다. 따라서 (C) approximately가 정답이다.

어휘 investment 투자 firm 회사 including ~을 포함하여 approximate a. 대략의 v. ~을 추산하다 approximation 추산 approximately 대략

6.

정답 (A)

해석 좋지 않은 기상에도 불구하고 지난주의 '평화, 사랑 그리고 음악과 함께' 행사에는 많은 사람들이 참석했다.

해설 수동태를 이루는 과거분사 앞에 빈칸이 있으므로 빈칸은 부사 자리이다. 또한, 과거분사의 의미로 보아 사람들의 참석 정도를 나타내야 하므로 (A) well이 정답이다.

어휘 despite ~에도 불구하고 unfavorable 불리한 well attended 충분히 많이 참석한 quite 꽤, 상당히 most 대부분 every 모든

7.

정답 (B)

해석 새로운 자동차 전용세제는 차량 표면에 묻은 오염을 화학적으로 제거하므로 문지르기는 필요 없습니다.

해설 빈칸이 주어와 동사 사이에 있으므로 빈칸은 부사 자리이다. 따라서 (B) chemically가 정답이다.

어휘 detergent 세제 remove ~을 제거하다 dirt 더러움 surface 표면 scrubbing 문지르기, 세척 required 필수적인 chemist 화학자 chemically 화학적으로 chemicals 화합물

8.

정답 (C)

해석 기술회사들은 지금 능력이 뛰어난 직원들을 훨씬 더 쉽게 찾을 수 있다.

해설 빈칸 뒤에 형용사가 있으므로 빈칸은 부사 자리인데 '능력이 뛰어난'이라는 형용사의 뜻과 어울리는 부사를 골라야 한다. 따라서 '매우'라는 뜻을 가진 (C) highly가 정답이다.

어휘 technology 기술 be able to do ~할 수 있다 skilled 능력이 뛰어난 far 훨씬 easier 더 쉽게 these days 지금 high a. 높은 ad. 높게 higher 더 높게 highly 매우 highest 가장 높은

9.

정답 (D)

해석 회사 대표는 새 사무실 부지로 제안된 장소가 불편한 곳에 위치해 있다는 이유로 거부했다.

해설 빈칸 뒤에 형용사의 역할을 하는 과거분사가 있으므로 빈칸에는 부사가 들어가야 한다. 따라서 (D) inconveniently가 정답이다.

어휘 head 책임자 reject ~을 거절하다 proposed 제안된 site 부지 because ~한다는 이유로 located 위치한 inconvenience 불편 inconvenient 불편한 inconveniently 불편하게

10.

정답 (B)

해석 그 향수는 웹사이트에서만 구매 가능할 것이지만, 몇 주 후에 주요 상점들에도 제품을 들여 놓을 것입니다.

해설 빈칸 앞에 주어와 동사, 보어로 구성된 완전한 문장이 있고, 빈칸 뒤는 전치사구가 제시되어 있으므로 빈칸은 부사 자리이다. 처음 향수가 판매되는 위치를 나타내는 전치사구를 강조할 수 있는 (B) only가 정답이다.

어휘 perfume 향수 available 구매 가능한 introduce ~을 들여놓다 major 주요한 retail store 상점 without ~없이 only ~만 since ~때문에 as soon as ~하자마자